COLLECTION

Bescherelle école CP

mon Cahier d'exercices

6-7 ans

Véronique VIRZI-ROUSTAN

Éric SKHIRI

HATIER

Bonjour !

Voici un petit cahier qui va t'aider à t'entraîner en français tout au long de ton année de CP.

Il est divisé en trois parties :

- entendre ;
- écrire ;
- construire.

Le sommaire t'aidera à retrouver la leçon que tu souhaites étudier ou revoir : il t'indique le numéro de chaque leçon, son titre et sa page.

Chaque leçon se présente de la même manière :

- une présentation du thème de la leçon ;
- des exercices pour t'entraîner. Mais attention ! Avant de commencer, lis bien la consigne et assure-toi que tu l'as comprise.

Au centre du cahier, tu trouveras tous les corrigés sur des feuillets détachables.

Les auteurs

Conception graphique : Nadine Aymard, Agatha Miziewicz

Mise en pages : Nadine Aymard

Couverture : Pouty Design

Illustrations : Karen Laborie

Sommaire

Tous les corrigés sont placés en milieu d'ouvrage sur des feuillets détachables.

1 L'alphabet

a b c d e f g h i j k l m

a b c d e f g h i j k l m

A B C D E F G H I J K L M

A B C D E F G H I J K L M

n o p q r s t u v w x y z

n o p q r s t u v w x y z

N O P Q R S T U V W X Y Z

N O P Q R S T U V W X Y Z

1 Colorie de la même couleur les lettres identiques.

b P Z x B p

A Z H

X a A

B X P b z

h H

..../ 6

2 Écris le mot dessiné et barre la lettre en trop dans le petit sac.

..../ 4

3 Vrai ou faux ? Souligne la bonne réponse.

1. Il y a trois c dans crocodile. Vrai ou Faux ?
2. La quatrième lettre du mot crocodile est un o. Vrai ou Faux ?
3. Les mots chien et niche contiennent les mêmes lettres. Vrai ou Faux ?
4. Le mot yeux contient la 24ᵉ lettre de l'alphabet. Vrai ou Faux ?
5. Le mot cacao contient plus de c que de a. Vrai ou Faux ?

..../ 5

4 Écris le mot modèle.

1. un ballon •
2. UNE POUPÉE •
3. une bicyclette •
4. UN TRAIN •
5. un nounours •
6. un château •

..../ 6

2 d et t

ENTENDRE

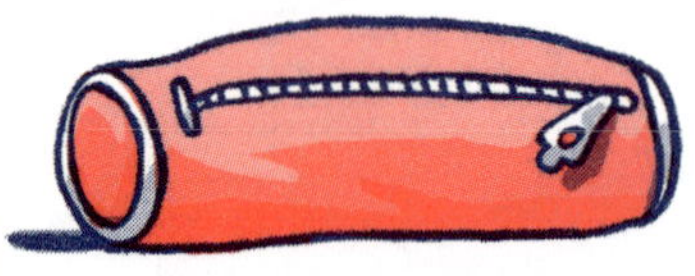

une trousse

un dé

une tétine

une ardoise

un pantin

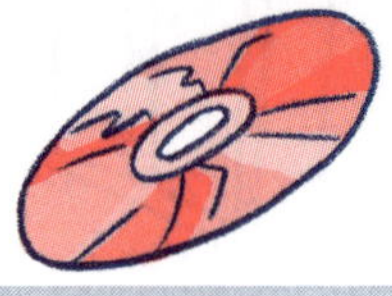

un disque

1 Colorie les dessins où tu entends le son [d].

..../ 3

2 Complète les phrases suivantes avec d ou t.

1. Ce .....igre possè.....e des .....ents .....erribles.
2. Plutôt que de regar.....er la .....élévision, allume donc la ra.....io.
3. Cette .....ictée est trop .....ifficile pour moi !
4. La .....unisie est un merveilleux pays pour se reposer et se dé.....endre.
5. Tu seras .....oujours aussi .....êtu !

..../ 5

3 Entoure le mot qui complète convenablement chaque phrase.

1. Je ne me baignerai pas ici ! L'eau de cette rivière est trop (double, trouble).
2. N'oublie pas de (pendre, tendre) ton manteau avant d'entrer.
3. Mathilde, (du, tu) devrais écouter plus attentivement en classe.
4. Comme cette peluche est (douce, tousse) !
5. Quand tu rentres du football, tu dois absolument prendre une (touche, douche).
6. Cette espèce de grand hibou s'appelle un grand-(duc, tuc).
7. Dans un avion, les bagages voyagent dans la (soude, soute).

...../ 7

4 Relie chaque mot au bon dessin.

le monde

une montre

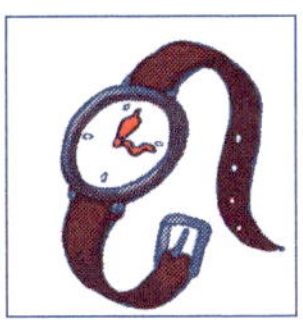

une moto

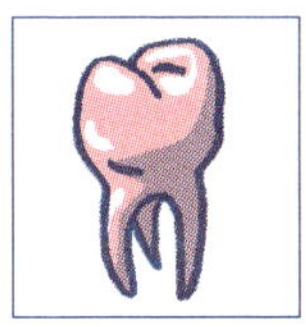

une dent

une pédale

un pétale

...../ 6

5 Devinette : complète les mots avec d ou t et tu découvriras dans les cases rouges le nom d'un fruit des pays chauds.

s	t	u	p	i		e			
				r	a	p	p	e	
			e	n		i	s	t	e
						a	p	i	s
			u	r	e				

...../ 5

3 f et v

ENTENDRE

une vache

une forêt

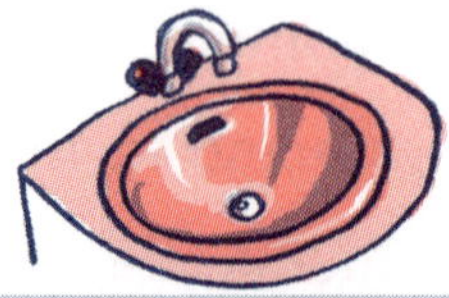

un lavabo

une flûte

une frite

une voile

1 Colorie les dessins où tu entends le son [v].

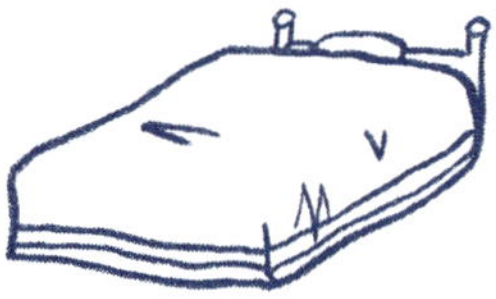

..../ 4

2 Complète les phrases suivantes avec f ou v.

1. Il était une .....ois, un lion .....éroce.
2. Avec maman, nous allons .....aire une tarte aux .....raises.
3. Cette semaine, il y a.....ait .....oule au .....illage.
4. Paris est une .....ille si mer.....eilleuse !
5. Les .....enêtres de cette maison s'ou.....rent sur la .....orêt.

..../ 5

3 Entoure le mot qui complète convenablement chaque phrase.

1. Au mois de novembre, l'air est (frais, vrai).
2. Menteur ! Ce que tu dis est complètement (vaut, faux).
3. Au cœur de l'hiver, cette route est souvent couverte de (givre, gifles).
4. Cette pelouse est d'un très beau (fer, vert).
5. Si tu pousses assez fort, cette porte devrait (s'ouvrir, souffrir).
6. Je (vais, fais) lui (offrir, ouvrir) un beau cadeau pour son anniversaire.

..../ 6

4 Relie chaque mot au bon dessin.

- une ville
- une carafe
- une valise
- une fraise

..../ 4

5 Mots croisés. Place les mots dans la grille :

formule, ivre, lave, larve, voûte, filer, foule.

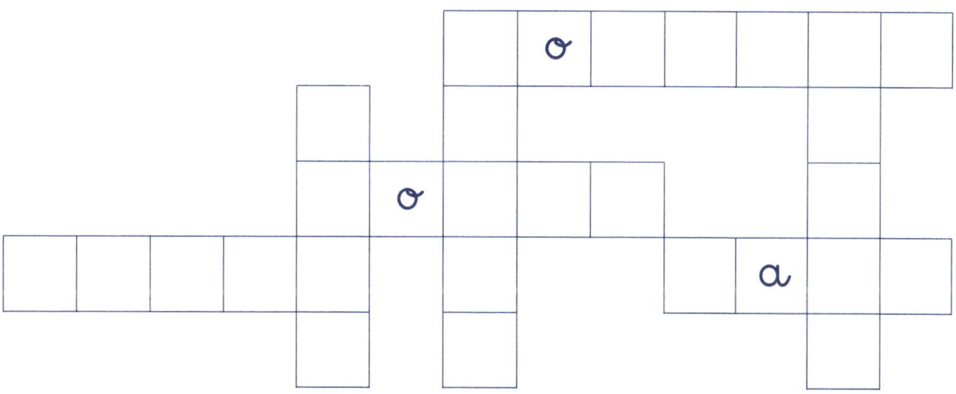

..../ 7

4 p/q, m/n, b/d

ÉCRIRE

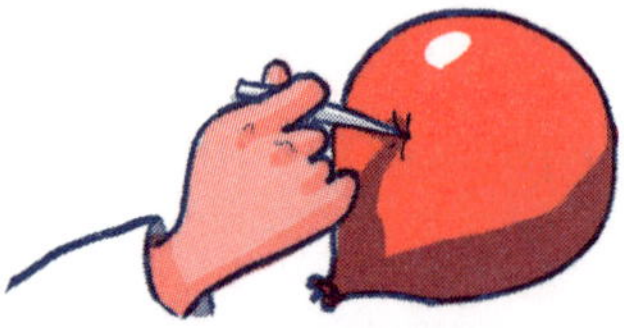

piquer

une marmite

un bidon

1 Souligne les mots où tu vois p et entoure ceux où tu vois q. Attention, il y a des pièges…

1. une pipe
2. une pique
3. une bouteille
4. un paquet
5. un poulet
6. une querelle
7. une cabine
8. une tique
9. une piste
10. la panique
11. une queue
12. une quille

…./ 12

2 Complète les mots avec m ou n.

1. Je …..e sais pas.
2. Le di…..anche, je peux faire la grasse …..atinée.
3. Les sept …..ains de Blanche Neige sont tous très différe…..ts.
4. Je dis « …..on ! » car je ne suis pas d'accord, c'est tout !
5. Il est à …..oi, c'est …..on stylo.
6. À force de faire la vaisselle, j'ai les …..ains très abîmées.
7. Le père Noël ne vient qu'au …..ois de déce…..bre.

…./ 7

3 Place les mots en gras dans la bonne colonne (m ou n). Certains mots peuvent être écrits dans les deux colonnes.

1. Jules **aime** beaucoup les **moules** à la **crème**.
2. **Comme** d'habitude, tu es en retard !
3. Pense **bien** à acheter le **pain** pour ce **midi**.
4. Il faut **mettre** sa **montre** à l'heure régulièrement.
5. **Bonne nuit** à tout le **monde**, je vais me coucher.
6. **Malheureusement**, il me **manque énormément**.

m	n
....	....
....	....
....	....
....	....
....	....
....	....
....	....
....	....
....	....
....	....

..../ 20

4 En écrivant sa lettre, Mathilde a confondu certains b avec des d ! Barre les mots qui ne veulent rien dire.

Chère Maman,

Je viens d'arriver chez Mamie et Papi qui sont venus me chercher à la bescente du train. Ils avaient tous les beux les mains pleines de cadeaux. Ils sont vraiment aborables. Je sais déjà que je ne vais pas m'ennuyer avec eux : ils ont préparé bes visites qui occuperaient n'importe qui pendant une année au moins ! Moi qui ne reste qu'une semaine… Mais au moins, j'aurai deaucoup de choses à te raconter à mon retour. Gros disous.

Mathilbe

..../ 7

5 sa / ma / re / di / lu / po

ÉCRIRE

un **ma**gicien

des **lu**nettes

un **po**licier

un **sa**chet

une panthè**re**

dix

1 Retrouve et colorie de la même couleur les syllabes identiques.

re SA re sa
MA ma
po di DI po
lu PO LU

..../ 6

2 Complète les mots en les reliant à la bonne syllabe. Il peut y avoir plusieurs solutions.

	• ma •	
un .....ster •	• sa •	• .....fficile
un .....tin •	• lu •	• un mer.....
.....rdi •	• di •	• .....medi
un .....pas •	• po •	• du .....tage
	• re •	

..../ 8

3 Les syllabes de tous ces mots ont été mélangées ! Remets-les dans le bon ordre.

1. cri – pant – sa
2. ri – ma – me – ti
3. ter – nelle – ma
4. tion – so – lu
5. per – po – sa – pette – li
6. tion – sa – lu – ta
7. rec – tion – di
8. ver – le – re

..../ 8

4 Réponds aux définitions. Pour t'aider, il y a toujours au moins l'une des syllabes : **sa, ma, re, di, lu, po**.

1. Un ours qui vit dans les grands froids :
2. On les porte pour y voir plus clair :
3. Elle te met au monde :
4. Tu l'utilises pour te laver :
5. Le jour où tous les magasins sont fermés :
6. Un serpent très dangereux :

..../ 6

5 Trouve et écris des prénoms qui…

1. ... commencent par sa :
2. ... commencent par ma :
3. ... se terminent par re :
4. ... commencent par lu :
5. ... commencent par di :

..../ 5

6 ou / oi / on

ÉCRIRE

un rond

une balançoire

un coucou

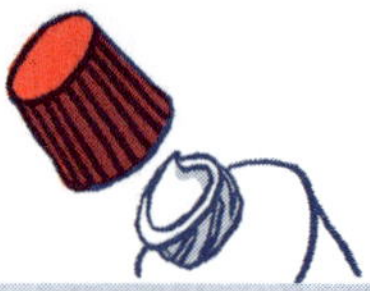

un bouchon

une oie

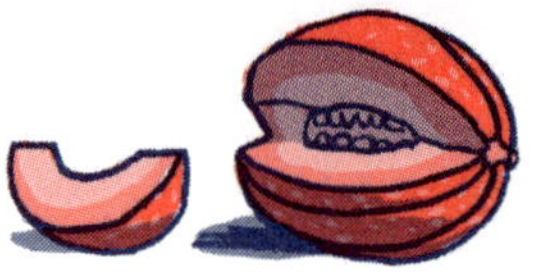

un melon

1 Écris sous chaque dessin ce que tu vois.

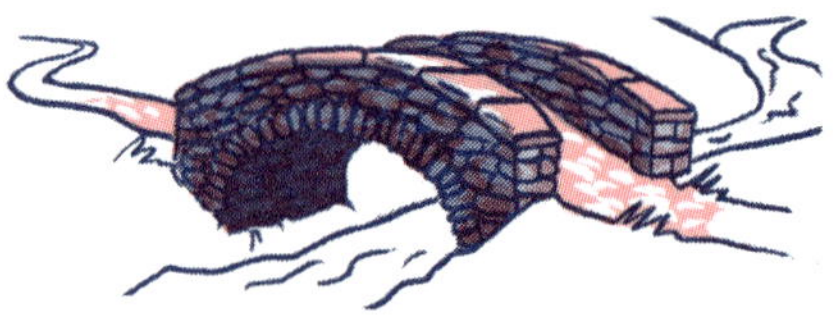

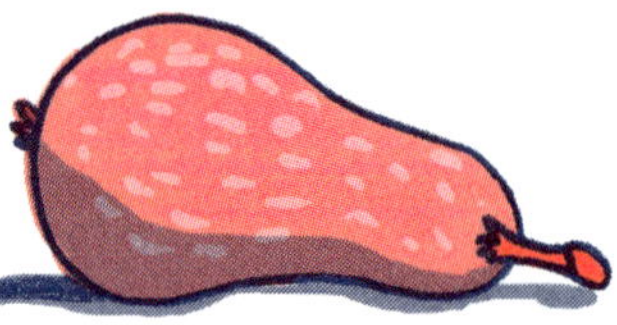

..../ 4

2 Entoure tous les **ou**, **on**, **oi** que tu trouves.

1. Tous les animaux devraient vivre en liberté.
2. Ce blouson est très souple et vraiment agréable à porter.
3. Les lions doivent chasser pour se nourrir.
4. Dans les villes, la pollution devient trop importante.
5. Les poumons s'abîment vite au contact du tabac.
6. Combien coûtent ces boules de pétanque ?
7. Les fourmis sont si petites qu'on ne les voit pas toujours.

...../ 7

3 Parmi les trois écritures proposées, barre celles qui ne conviennent pas.

un b [on / ~~ou~~ / ~~oi~~] bon

1. une b [on / oi / ou] gie
2. un mamm [oi / on / ou] th
3. un bav [oi / on / ou] r
4. un plo [oi / ou / on] ge [oi / ou / on] r

...../ 4

4 Complète les mots par **ou**, **on**, **oi**.
Attention, il peut y avoir plusieurs solutions !

1. des b........s
2. b........ter
3. un t........t, t........t
4. un p........ce
5. m........, m........, m........
6. la m........sson, la m........sson
7. des tr........s, tr........s
8. des ch........x, des ch........x

...../ 8

7 [ɔ] : o / [o] : o / eau / au

ÉCRIRE

un crocodile

un couteau

une taupe

1 Colorie les dessins où tu entends les sons [o] et [ɔ].

..../ 4

2 Colorie les mots où tu trouves les sons [o] et [ɔ].

1. Aujourd'hui, Maman a préparé un gâteau au chocolat pour mon anniversaire.
2. Je l'ai apporté à l'école.
3. Nous avons fait une grande fête dans le préau.
4. La maîtresse a fermé les rideaux pour souffler les bougies.
5. J'ai ouvert mon cadeau, c'était un beau stylo !

..../ 5

3 Entoure les sons [o] et [ɔ] que tu trouves.

1. Avec Papa, nous sommes allés à la ferme.
2. Nous y avons vu beaucoup d'animaux.
3. Il y avait des agneaux, des cochons, des veaux…
4. En sortant, nous avons traversé la forêt.
5. On y a ramassé de gros escargots. C'était rigolo !

…./ 5

4 Retrouve le mot et dessine-le.

ppe	en	lo	ve

neau	lei	ba

che	tru	au

ne	pho	lé	té

…./ 4

5 Complète les mots avec la bonne écriture.

Cet été, avec mes parents, nous sommes allés au Mar..........c. Le s..........leil brillait. La mer était ch..........de. Sur la plage, j'ai fait de b..........x chât..........x de sable. J'ai utilisé mon s.......... j..........ne. Quelles b..........nnes vacances !

…./ 8

8 [ã] : an / en / am

ÉCRIRE

un champ

un pantalon

une tente

un manteau

1 Colorie les dessins où tu entends le son [ã].

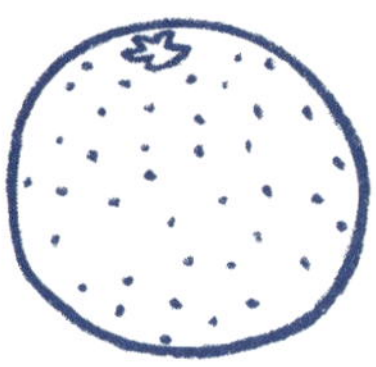

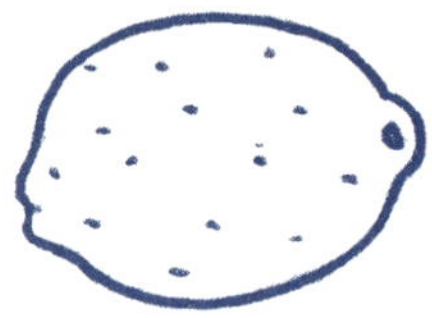

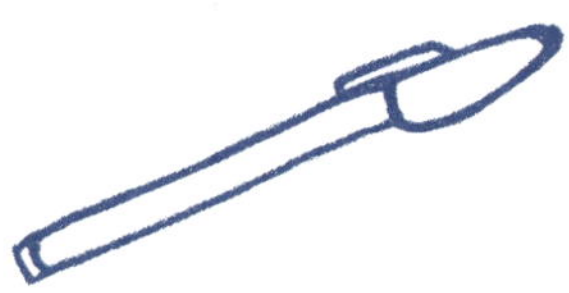

..../ 4

2 Barre les écritures qui ne conviennent pas.

<table>
<tr><td rowspan="3">une l</td><td>an</td><td rowspan="3">pe</td></tr>
<tr><td>en</td></tr>
<tr><td>am</td></tr>
</table>

<table>
<tr><td rowspan="3">une pl</td><td>an</td><td rowspan="3">te</td></tr>
<tr><td>en</td></tr>
<tr><td>am</td></tr>
</table>

	an	
tr	en	te
	am	

	an	
un éléph	en	t
	am	

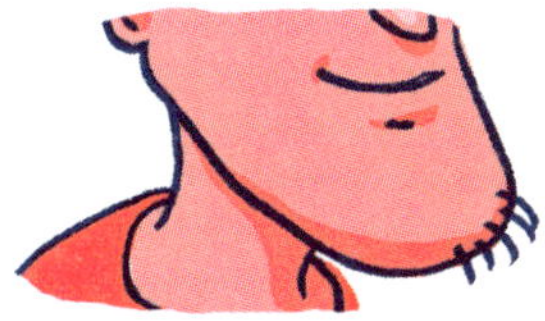

	an	
quar	en	te
	am	

	an	
un m	en	ton
	am	

..../ 6

3 Complète les phrases avec les mots suivants : **souvent, Pendant, Maintenant, Avant, Quand, devant**.

1. ...., il est l'heure d'aller manger.
2. Il est .... en retard.
3. .... que j'étale la pâte, tu n'as qu'à allumer le four.
4. .... penses-tu venir ?
5. Pose ton livre .... toi.
6. .... de sortir, ferme bien ton blouson.

..../ 6

4 Complète les mots avec l'écriture du **son** [ɑ̃] qui convient.

Mon frère Vinc........t devait venir v........dredi. Finalem........t, il ne pourra venir que dim........che ! Je lui ai donné r........dez-vous dev........t le Jardin des Pl........tes. Il se servira d'un pl........ pour ne pas se perdre. Nous irons voir les fossiles des gr......ds dinosaures av........t d'aller au zoo voir des animaux viv........ts !

..../ 11

9 [ɛ̃]: in / ain

ÉCRIRE

un lapin

une main

un sapin

un train

1 Colorie les dessins où tu entends le son [ɛ̃].

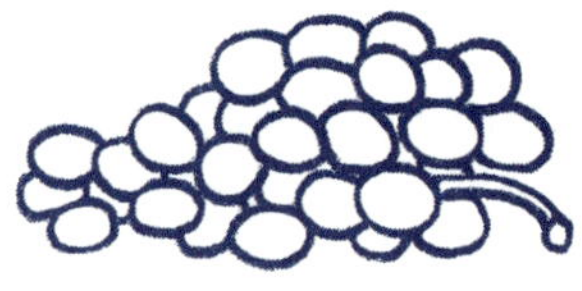

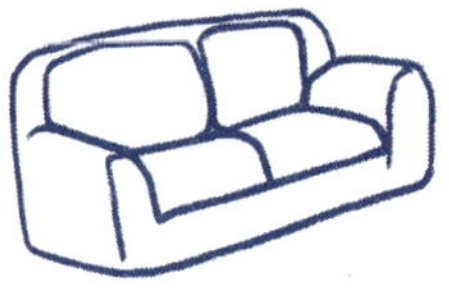

..../ 4

2 Relie les dessins et les mots à la bonne écriture.

un prince

un marin

in

ain

un jardin

un grain

..../ 10

3 Entoure les sons [ɛ̃] que tu trouves.

C'est ma fête aujourd'hui ! C'est la Saint-Sylvain. J'ai invité tous mes amis. Mon cousin Alain est aussi venu. Maman a été très gentille. Elle nous a laissé jouer dans le jardin. Nous nous sommes beaucoup amusés.

...../ 6

4 Mots croisés : complète la grille avec les mots qui contiennent le son [ɛ̃]. Attention aux intrus !

cinq – quatre – marcassin – livre – vingt – gain – chaussure – coussin – maintenant – koala

...../ 6

10 [e] : é
[ɛ] : è / ê / ai / ei

ÉCRIRE

un zèbre

une tête

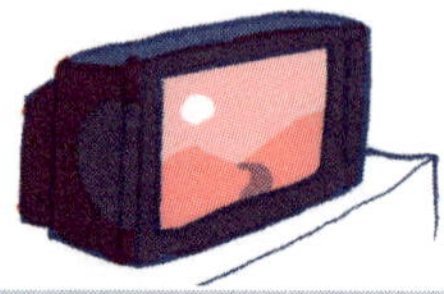

une télévision

1 Colorie les dessins où tu entends le son [e].

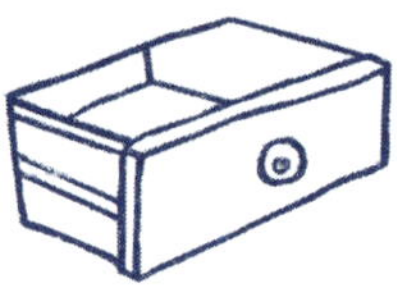

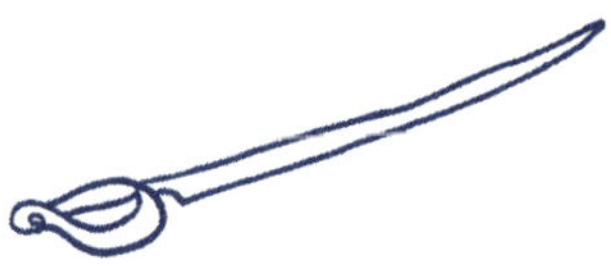

..../ 2

2 Entoure la manière d'écrire le son qui convient : é ou è.

é	è

é	è

é	è

é	è

é	è

é	è

..../ 6

Corrigés des exercices

1 L'alphabet (p. 4)

1 *Fais vérifier par un adulte.*
2 **table**, la lettre à barrer est le **c.**
chaise, la lettre à barrer est le **k.**
armoire, la lettre à barrer est le **t.**
tapis, la lettre à barrer est le **s.**
3 1. Faux 2. Faux 3. Vrai 4. Vrai 5. Faux
4 *Fais vérifier par un adulte.*

2 d ou t (p. 6)

1 Tu dois colorier la pen**d**ule, l'or**d**inateur, le pé**d**alo.
2 1.Ce **t**igre possè**d**e des **d**ents **t**erribles. 2. Plu**t**ôt que **d**e regar**d**er la **t**élévision, allume **d**onc la ra**d**io. 3. Cette **d**ictée est **t**rop **d**ifficile pour moi ! 4. La **T**unisie est un merveilleux pays pour se reposer et se détendre. 5. Tu seras **t**oujours aussi **t**êtu !
3 1. trouble 2. pendre 3. Tu 4. douce 5. douche 6. duc 7. soute
4 *Fais vérifier par un adulte.*
5

s	t	u	p	i	**d**	e			
			t	r	**a**	p	p	e	
		d	e	n	**t**	i	s	t	e
					t	a	p	i	s
		d	u	r	**e**				

Tu trouves le mot « datte ».

3 f et v (p. 8)

1 Tu dois colorier la chè**v**re, le che**v**al, le **v**erre, la cou**v**erture.
2 1. une fois, un lion féroce 2. nous allons faire une tarte aux fraises 3. il y avait foule au village. 4. une ville si merveilleuse 5. Les fenêtres s'ouvrent sur la forêt.
3 1. frais 2. faux 3. givre 4. vert 5. s'ouvrir 6. vais, offrir
4 *Fais vérifier par un adulte.*
5

						F	O	R	M	U	L	E
				I		O					A	
				V	O	U	T	E			R	
F	I	L	E	R		L			L	A	V	E
				E		E					E	

4 p/q, m/n, b/d (p. 10)

1 Tu dois souligner **p**i**p**e, **p**ique, **p**aquet, **p**oulet, **p**iste, **p**anique.
Tu dois entourer pi**q**ue, pa**q**uet, **q**uerelle, ti**q**ue, pani**q**ue, **q**ueue, **q**uille.
2 1. Je ne sais pas. 2. Le dimanche, je peux faire la grasse matinée. 3. Les sept nains de Blanche Neige sont tous très différents. 4. Je dis « non ! » car je ne suis pas d'accord, c'est tout ! 5. Il est à moi, c'est mon stylo. 6. A force de faire la vaisselle, j'ai les mains très abîmées. 7. Le père Noël ne vient qu'au mois de décembre.
3 Dans la colonne **m** : ai**m**e, **m**oules, crè**m**e, co**mm**e, **m**idi, **m**ettre, **m**ontre, **m**onde, **m**alheureusement, **m**anque, énor**m**ément.
Dans la colonne **n** : bie**n**, pai**n**, mo**n**tre, bo**nn**e, **n**uit, mo**n**de, malheureuseme**n**t, ma**n**que, énorméme**n**t.
4 bescente au lieu de descente ; beux au lieu de deux ; aborables au lieu de adorables ; bes visites au lieu des visites ; deaucoup au lieu de beaucoup ; disous au lieu de bisous ; Mathilbe au lieu de Mathilde.

5 sa/ma/re/di/lu/po (p. 12)

1● *Fais vérifier par un adulte.*
2● un poster, un lutin, mardi, un repas, difficile, un merlu, samedi, du potage.
3● 1. sacripant 2. maritime 3. maternelle 4. solution 5. saperlipopette 6. salutation 7. direction 8. relever
4● 1. un ours polaire 2. des lunettes 3. une maman 4. un savon 5. dimanche 6. une vipère
5● *Par exemple :* 1. Sabine, Sacha 2. Manon, Marie 3. Pierre, Laure 4. Lucien, Ludivine 5. Dimitri, Didier

6 ou/oi/on (p. 14)

1● un bonbon, un pont, une chouette, une poire.
2● 1. **Tous** 2. Ce **blouson** est très **souple**… 3. Les **lions** **doivent** chasser pour se **nourrir**. 4. La **pollution**… 5. Les **poumons**, **contact** 6. **coûtent**, **boules** 7. Les **fourmis** **sont**, qu'**on** ne les **voit** pas **toujours**.
3● 1. une bougie 2. un mammouth 3. un bavoir 4. un plongeoir
4● 1. des bois 2. boiter 3. le toit, tout 4. un pouce 5. moi, mou, mon 6. la mousson, la moisson 7. des trous, trois 8. des choux, des choix

7 [ɔ] : o [o] : o/eau/au (p. 16)

1● Tu dois colorier le scorpion, le vélo, le bat**eau**, le b**o**l.
2● *Tu dois colorier les mots :* 1. Aujourd'hui, gâteau, au, chocolat 2. apporté, école 3. préau 4. rideaux 5. cadeau, beau, stylo.
3● *Tu dois entourer les sons :* 1. **so**mmes 2. **beau**coup, anim**aux** 3. agn**eaux**, c**o**ch**o**ns, v**eaux** 4. **so**rtant, f**o**rêt 5. gr**o**s, escarg**o**ts, rig**o**l**o**.
4● une enveloppe ; un baleineau; une autruche ; un téléphone.
5● Mar**o**c, s**o**leil, ch**au**de, b**eaux** chât**eaux**, s**eau** j**au**ne, b**o**nnes.

8 [ɑ̃] : an/en/am (p. 18)

1● Tu dois colorier l'or**an**ge, la r**am**pe d'escalier, la tache d'**en**cre, le b**an**c.
2● lampe ; plante ; trente ; éléphant ; quarante ; menton.
3● 1. Maintenant 2. souvent 3. Pendant 4. Quand 5. devant 6. Avant
4● Vinc**en**t ; v**en**dredi ; Finalem**en**t ; dim**an**che ; r**en**dez-vous ; dev**an**t ; Pl**an**tes ; pl**an** ; gr**an**ds ; av**an**t ; viv**an**ts

9 [ɛ̃] : in/ain (p. 20)

1● Tu dois colorier le p**ain**, le pouss**in**, le rais**in**, les pat**in**s à roulettes.
2● *Fais vérifier par un adulte.*
3● *Tu dois entourer :* S**ain**t ; Sylv**ain** ; **in**vité ; cous**in** ; Al**ain** ; jard**in**.
4●

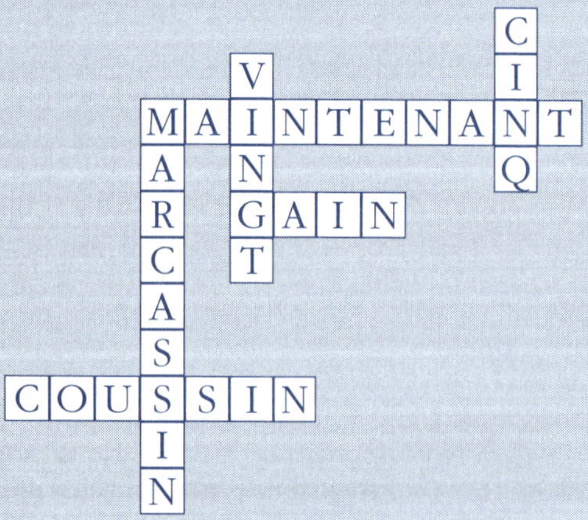

10 [e] : é [ɛ] : è/ê/ai/ei (p. 22)

1● *Tu dois colorier :* la **f**ée, l'**é**p**é**e.

2 une pi**è**ce ; un tr**è**fle ; des l**è**vres ; une fus**ée** ; un scarab**ée** ; une **clé.**
3 Colonne **è** : une chèvre, un succès, une crème, un poème.
Colonne **ê** : un chêne, une fenêtre, un rêve.
4 *Tu dois entourer :* 1. vais, acheter, manger 2. ces, perles 3. équipe, gagné 4. les, écoles, est fermée 5. est, récréation 6. les, abeilles, nectar, les 7. faire, vaisselle
5 semaine ; allés ; avait ; peut-être ; pleine ; échapper ; Mais ; était ; merveilleux ; s'envolaient ; scène ; sortaient ; fête ; gravé ; mémoire.

11 [k] : c/k/qu/q (p. 24)

1 Tu dois colorier le re**qu**in, la baguette magi**que**, l'a**cc**ordéon.
2 un **c**on**c**ombre ; un **k**angourou ; un pa**qu**et ; un **c**lou
3 1. vacarme 2. combinaison 3. barrique 4. kermesse 5. pratique 6. koala
4 1. kilos 2 quatre 3. quel 4. couscous 5. laque 6. anorak 7. cadeaux

12 [f] : f, ff, ph (p. 26)

1 Tu dois colorier la gau**f**re, la gira**f**e, la **f**alaise.
2 un **ph**are, la **f**umée, un co**ff**re, un saxo**ph**one.
3 *Tu dois avoir gardé les mots suivants :* 1. une flamme 2. un chiffon 3. un fantôme 4.un éléphant 5. un chiffre 6.un plafond 7.une pharmacie
4 1.fête 2.trèfle, feuilles 3.effort 4.géographie 5.difficile 6.phrase 7.flèches

13 [j] : y/il/ill [je] : ier (p. 28)

1 *Tu dois barrer les dessins suivants :* l'étoile, la balle.
2 le soleil, la grenouille, une feuille, un épouvantail.
3 Colonne en **ier** : un meunier, un panier, janvier.
Colonne en **y** : un rayon, un voyage.
Colonne en **il, ill** : une fille, un papillon, un caillou, le travail, un fauteuil.
4

					A				B
	Y				B				I
S	O	R	C	I	E	R			L
	Y				I				L
C	O	Q	U	I	L	L	A	G	E
					L				
G	R	I	L	L	E				

14 [ø], [œ] : eu/œu (p. 30)

1 Tu dois colorier le n**œu**d, le f**eu**, le chiffre d**eu**x.
2 un tracteur, un œuf, un jeu de dominos, un bœuf, il est vieux, une fleur.
3 *Les mots à colorier sont :* 1. heureux 2. vœu 3. sœur 4. adieu 5.bleu, cheveux
4 *Tu dois entourer :* 1. **peureux** 2. **peu** 3. **yeux**, **deux** 4. **pleure**, mot**eur** 5. **œufs** 6. doct**eur**
5 *Les mots à compléter sont* : 1. neuf 2. baveuse 3. preuve 4. manœuvres 5. fleuve

15 Construire des mots (p. 32)

1 *Tu dois colorier :* cabane, disque, wagon, lapin, livre.
2 1re colonne : exposition
2e colonne : découvrir
3e colonne : cassette
3 *Les 4 mots cachés sont :* jouet, vélo, lit, poupée.
4 *Les 4 mots à reconstituer sont :* fourchette, confiture, table, couteau.
5 *Les noms d'animaux à reconstituer sont :* chameau, mouton, vache, girafe.

16 Féminin ou masculin ? (p. 34)

1• une coccinelle, un écureuil, une libellule, un canard.
2• Colonne féminin : une chatte, une souris, une poule, une lionne, une biche, une otarie.
Colonne masculin : un ours, un crocodile, un serpent, un singe, un dromadaire, un guépard.
3• un magasin ; une étagère ; une boîte ; un livre ; une formule ; un secret ; un secret.
4• *Tu dois retrouver :* cochon, masculin ; cheval, masculin ; souris, féminin.
5• *Tu dois relier :* une vache / un taureau ; une chatte / un chat ; une chienne / un chien ; une jument / un cheval ; une lionne / un lion.

17 Singulier ou pluriel ? (p. 36)

1• *Fais vérifier par un adulte.*
2• des dragons ; un ballon ; une toupie.
3• *Mots au pluriel :* des chevaliers, les pirates, des dinosaures.
Mots au singulier : une ferme, la montre, le déguisement, un train, une marionnette, une poussette.
4• Colonne **un/une** : chapeau, peluche, lampe, peinture, livre.
Colonne **des/les** : autos, perles, bébés, crayons, hochets.
5• une table, un lit, un bureau, des stylos, un ou des tapis, une couette, un disque, une fenêtre, un meuble, des coussins.

18 Quelques verbes au présent (p. 38)

1• *Tu dois garder :* 1. je mange 2. nous aimons 3. il range 4. elles aident 5. Mona se regarde.
2• Je suis très pressé. Corentin est le plus fort aux échecs. Nous sommes à l'heure au rendez-vous. Ce gâteau est vraiment délicieux ! Ces livres sont très intéressants. Je suis très heureuse !
3• *Par exemple :* 1. J'ai 6 ans. 2. Oui, je suis sage en classe. 3. Oui, j'ai faim. 4. Je suis tombé. 5. Non, je ne suis pas sportive.
4• 1. Les enfants s'amusent dans la cour. 2. Manon pousse la porte. 3. Il regarde les dessins animés à la télévision. 4. Elles se jettent dans l'eau de la piscine. 5. Medhi raconte une histoire à son petit frère. 6. Les invités arrivent vers 20 heures.
5• 1. font 2. vont 3. fait 4. va 5. vont

19 Construire des phrases (p. 40)

1• Tu dois barrer les phrases 1, 4 et 6.
2• Chez le fleuriste, on achète des fleurs et des plantes. À la pharmacie, Maman donne son ordonnance. Le coiffeur coupe et peigne les cheveux. L'opticien vend des lunettes. Dans cette boulangerie, on trouve de très bons pains au chocolat. À la librairie, j'ai trouvé le livre que la maîtresse a demandé.
3• 1. Au bout de la rue, il y a un chantier. 2. La camionnette livre des marchandises. 3. Il y a beaucoup d'antennes sur le toit des maisons.
4• une grande braderie ; de nombreux objets pour les grands et pour les petits ; une petite montre ; de grandes aiguilles ; nombreuses.
5• *Par exemple :* Les déménageurs remplissent leur camion. Monsieur Joyeux promène son chien.

3 Mets une croix dans la bonne colonne.

	è	ê
une ch...vre		
un ch...ne		
un succ...s		
une cr...me		
une fen...tre		
un r...ve		
un po...me		

..../ 7

4 Entoure les mots où tu entends les sons [e] et [ɛ]. Attention, il n'y a pas toujours d'accent !

1. Je vais acheter à manger.
2. Combien coûtent ces perles ?
3. L'équipe de France a gagné ce match de football.
4. Tous les dimanches, l'école est fermée.
5. C'est l'heure de la récréation !
6. Les abeilles butinent le nectar des fleurs.
7. N'oublie pas de faire la vaisselle !

..../ 7

5 Complète les mots avec é, è, ê, ai ou ei.

Cette sem........ne, nous sommes all........s voir un spectacle de magie. Il y av........t beaucoup de monde. Trop peut-........tre ! La salle était pl........ne et certains tours ont bien failli nous ....chapper. M........s ce que nous avons vu ét........t merv........lleux. Des colombes s'envol........ent depuis la sc........ne, des lapins sort........ent des chapeaux. Quelle f........te ! Ce souvenir restera grav........ dans ma m........moire très longtemps.

..../ 15

11 [k] : c / k / qu / q

ÉCRIRE

un képi

une carotte

une flaque d'eau

1 Colorie les dessins où tu entends le son [k].

...../ 3

2 Écris sous chaque dessin ce que tu vois.

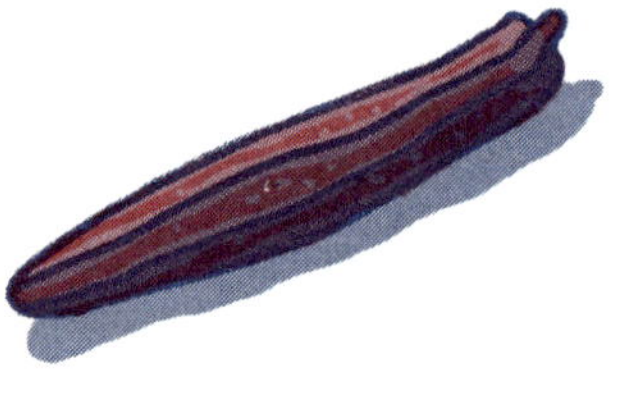

...../ 4

3 Voici des mots cassés ! Reconstruis-les.

1. ca – va – rme
2. bi – son – com – nai
3. ba – que – rri
4. m – ker – esse
5. ti – que – pra
6. a – ko – la

...../ 6

4 Complète les mots en les reliant aux bonnes lettres.

1. Ces fruits sont beaux ! Je vais en acheter deux ...ilos. •
2. Avec mes deux sœurs et mon frère, nous sommes ...atre au total. • • qu
3. Comme tu es grand ! ...el âge as-tu ? •
4. J'aime beaucoup les plats épicés, surtout le ...ous...ous. • • c
5. Mes cheveux ne bougent pas : je mets de la la...e tous les matins. •
6. Quand il fait très froid, je mets mon anora... . • • k
7. J'attends mon anniversaire avec impatience pour recevoir des ...adeaux. •

...../ 7

12 [f] : f / ff / ph

ÉCRIRE

un phoque

un enfant

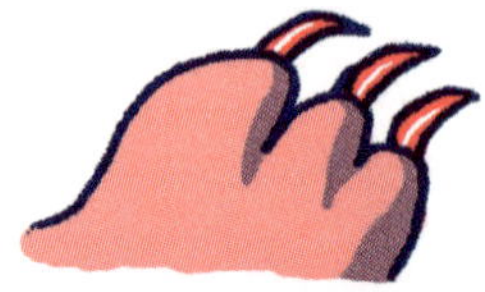

des griffes

1 Colorie les dessins où tu entends le son [f].

..../ 3

2 Écris sous chaque dessin ce que tu vois.

ph

f

ff	ph
	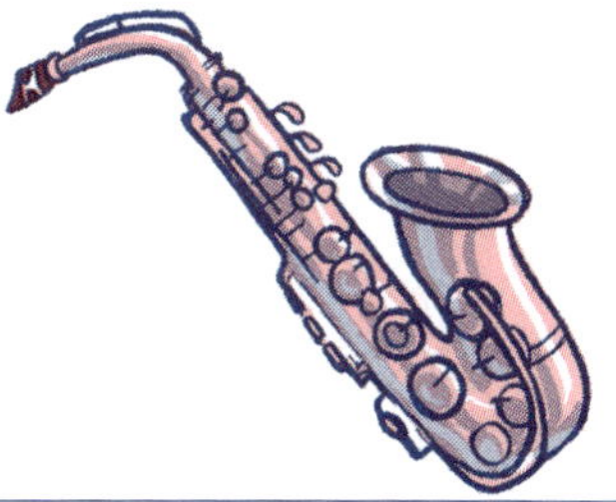

...../ 4

3 Barre les mots qui sont mal écrits.

1. une fflamme, une flamme, une phlamme
2. un chiffon, un chifon, un chiphon
3. un phantôme, un ffantôme, un fantôme
4. un éléfant, un éléphant, un éléffant
5. un chiffre, un chifre, un chiphre
6. un plafond, un plaffond, un plaphond
7. une farmacie, une ffarmacie, une pharmacie

...../ 7

4 Complète les mots en les reliant aux bonnes lettres.

1. Nous allons faire la ......ête. •
2. Un trè...le à quatre ......euilles ! • • f
3. Allez ! Encore un petit e......ort ! •
4. J'aime beaucoup la géogra......ie. • • ff
5. J'ai eu du mal à terminer. C'était très di......icile ! •
6. On met toujours un point à la fin d'une ......rase. • • ph
7. On lance les ......lèches avec un arc. •

...../ 7

13 [j] : y / il / ill
[je] : ier

ÉCRIRE

une médaille

un yaourt

un réveil

1 Barre les dessins où tu n'entends pas le son [j].

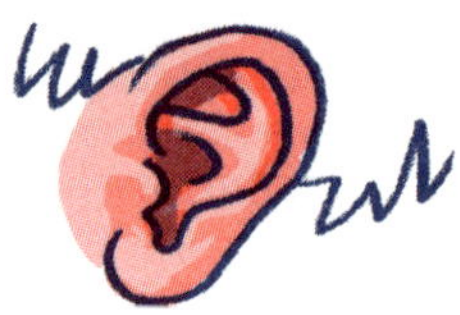

..../ 2

2 Écris le mot dessiné en utilisant ail, eil, ouille ou euille.

..../ 4

3 Classe les mots dans le tableau. Attention aux intrus !

une fille – un rayon – un meunier – un avion – un ski – rien – un voyage – un stylo – un panier – un papillon – un caillou – janvier – le travail – un fauteuil – un typhon

ier	y	il – ill
....	....	....
....	....	....
....	....	....
....	....	....
....	....	....
....	....	....

…./ 10

4 Complète la grille de mots croisés en choisissant les mots dans la liste. Attention aux intrus !

sorcier – grenier – abeille – quille – grille – fenouil – rail – coquillage – fille – bille – lentille – yaourt – yoyo

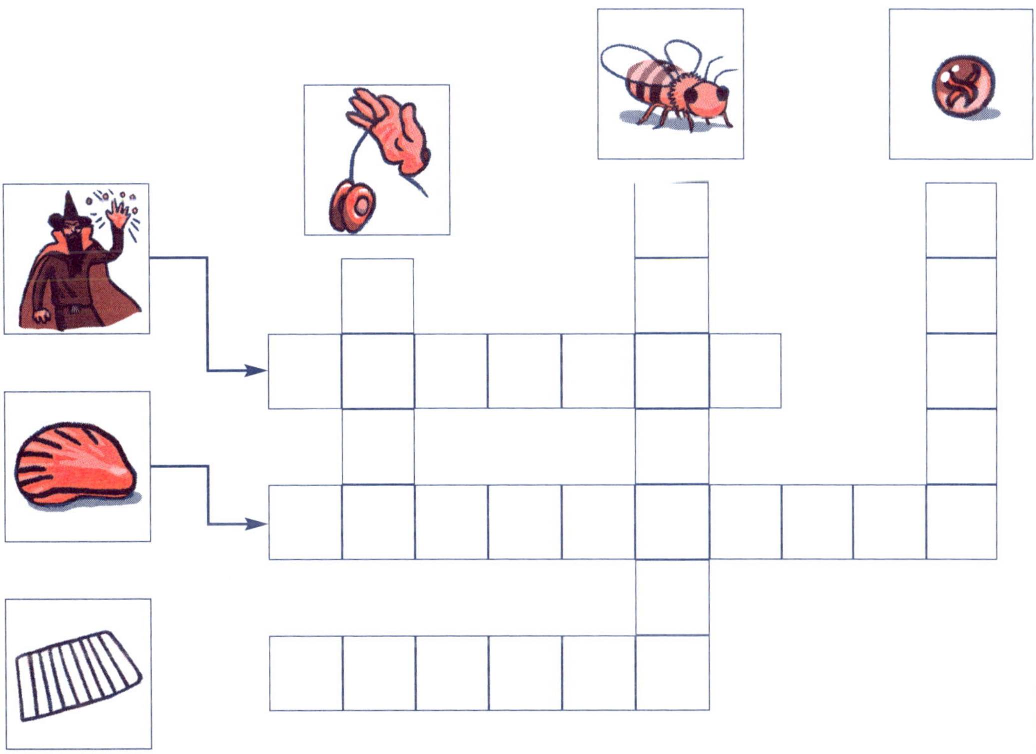

…./ 6

14 [ø], [œ] : eu / œu

ÉCRIRE

un cœur

du beurre

1 Colorie les dessins où tu entends les sons [ø] et [œ].

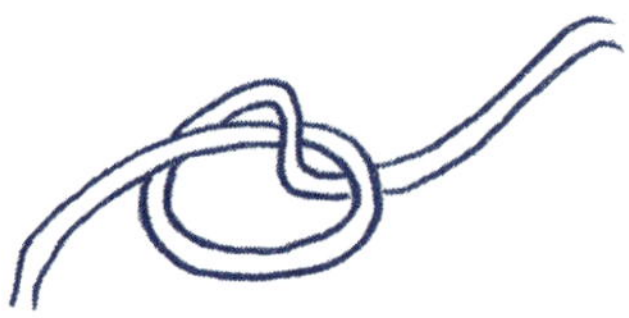

..../ 3

2 Complète les mots avec eu ou œu.

un tract........r

un ....f

un j........ de dominos

un b........f — il est vi........x — une fl........r — ..../ 6

3 Colorie les mots où tu entends les sons [ø] ou [œ].

1. Mehdi a l'air très heureux de son cadeau.
2. Regarde l'étoile filante ! Fais un vœu.
3. C'est ma sœur qui a lu ce texte.
4. Dis moi adieu, car nous devons nous quitter.
5. Tu as un joli ruban bleu dans les cheveux.

..../ 5

4 Entoure tous les sons [ø] ou [œ] que tu trouves.

1. Quel peureux tu fais !
2. J'ai un peu de mal à écrire.
3. Ferme les yeux, j'ai deux surprises pour toi.
4. Jules pleure car il a cassé le moteur de son robot.
5. Manon a mis trois œufs dans son gâteau.
6. J'ai mal au ventre, je vais chez le docteur.

..../ 6

5 Complète ces mots en eu ou œu.

1. Un objet qui n'a jamais servi est un objet n.............................. .
2. Une omelette pas très cuite est une omelette ba.............................. .
3. Pour dire qu'il est coupable, il faut une pr.............................. .
4. Pour sortir du garage, ce car doit faire plusieurs man..................... .
5. Le fl.............................. qui traverse Paris s'appelle la Seine.

..../ 5

15 Construire des mots

CONSTRUIRE

Lis avant de commencer

un pa/que/bot — un au/to/car — un ca/mion

- Les mots sont formés de lettres qui, groupées entre elles, forment des syllabes.

1 Colorie les mots qui ont un sens.

cabane — nabar — disque — wagon

poupi — lapin — lapo — livre

…./ 5

2 Entoure les mots identiques dans chaque colonne.

exposition	recourir	CARESSE
exploration	découvrir	cassette
exposition	DÉCOUVRIR	casserole
EXCLAMATION	découper	facette
EXPOSITION	DÉCRÉPIR	CASSETTE
EXTRADITION	découvrir	casquette

…./ 3

3 Retrouve les quatre mots cachés dans la grille. Écris-les.

R	J	O	U	E	T	L	I
V	E	V	E	L	O	K	E
X	T	S	O	A	L	I	T
Z	E	P	O	U	P	E	E

1.
2.
3.
4.

..../ 4

4 Relie les étiquettes pour reconstituer les quatre mots coupés. Écris-les.

TA teau FOUR con BLE

re cou CHETTE fi tu

1.
2.
3.
4.

..../ 4

5 En te servant des étiquettes, reconstitue le nom de quatre animaux.

ton gi cha fe ra meau va che mou

1.
2.
3.
4.

..../ 4

16 Féminin ou masculin ?

CONSTRUIRE

Lis avant de commencer

une fille

un garçon

- Un nom est au féminin quand il est accompagné des petits mots : une, la.
- Un nom est au masculin quand il est accompagné des petits mots : un, le.

1 Sous chaque dessin, entoure le petit mot qui convient.

un	une

un	une

un	une

un	une

..../ 4

2 Écris les noms d'animaux dans le tableau.

ours – crocodile – serpent – chatte – singe – souris – dromadaire – poule – lionne – biche – guépard – otarie

féminin	masculin
....	....
....	....
....	....
....	....

..../ 12

3 Complète cette comptine avec les petits mots qui conviennent : **un** ou **une**.

Dans ma rue, il y a .... magasin.

Dans ce magasin, il y a .... étagère.

Sur cette étagère, il y a .... boîte.

Dans cette boîte, il y a .... livre.

Dans ce livre, il y a .... formule magique.

Dans cette formule magique, il y a .... secret.

Et ce secret, c'est .... secret !

...../ 7

4 Remets les lettres dans l'ordre pour trouver le bon mot et entoure la bonne réponse.

c c o h o n		féminin – masculin
c e l h v a		féminin – masculin
r i o s s u		féminin – masculin

...../ 3

5 Relie par une flèche les animaux de la même famille.

une vache •	• un chien
une chatte •	• un taureau
une chienne •	• un chat
une jument •	• un cheval
une lionne •	• un lion

...../ 5

17 Singulier ou pluriel ?

CONSTRUIRE

Lis avant de commencer

une poupée

des poupées

- Au singulier, on utilise les petits mots : un, une, le, la.
- Pour former le pluriel d'un nom, on ajoute en général un s au nom et on utilise les petits mots : des, les.

1 Relie chaque dessin au mot qui lui correspond.

une voiture

des soldats

un livre

des livres

une trottinette

des voitures

des trottinettes

un soldat

...../ 4

2 Complète les étiquettes.

un dragon

des ballons

des toupies

..../ 3

3 Souligne en rouge les mots au **pluriel** et en bleu les mots au **singulier**.

une ferme – des chevaliers – la montre – les pirates – le déguisement – un train – des dinosaures – une marionnette – une poussette

..../ 2

4 Classe les mots suivants dans le tableau : **chapeau – peluche – autos – lampe – perles – bébés – peinture – crayons – hochets – livre**

un, une	des, les
....	....
....	....
....	....
....	....
....	....

..../ 10

5 Écris le petit mot qui convient devant chaque mot.

.... table

.... lit

.... bureau

.... stylos

.... tapis

.... couette

.... disque

.... fenêtre

.... meuble

.... coussins

..../ 10

18 Quelques verbes au présent

CONSTRUIRE

Lis avant de commencer

Un oiseau vol**e** dans le ciel. Des oiseaux vol**ent** dans le ciel.

1 Barre le verbe qui ne convient pas.

1. Je [mangeons / mange] souvent au restaurant.
2. Nous [aimons / aime] écouter des histoires.
3. Il [range / rangent] toutes ses affaires.
4. Elles [aide / aident] les enfants à traverser.
5. Mona [se regarde / se regardent] dans le miroir.

..../ 5

2 Relie les mots pour obtenir une phrase correcte.

Je •	• est le plus fort aux échecs.
Corentin •	• est vraiment délicieux !
Nous •	• suis très pressé.
Ce gâteau •	• sont très intéressants.
Ces livres •	• suis très heureuse !
Je •	• sommes à l'heure au rendez-vous.

..../ 6

3 Réponds aux questions en utilisant dans ta phrase **je suis** ou **j'ai**.

1. Quel âge as-tu ?
2. Es-tu sage en classe ?
3. Est-ce que tu as faim ?
4. Comment t'es-tu fait mal ?
5. Es-tu sportive ?

..../ 5

4 Complète les verbes avec les bonnes terminaisons : **e** ou **ent**.

1. Les enfants s'amus................ dans la cour.
2. Manon pouss................ la porte.
3. Il regard................ les dessins animés à la télévision.
4. Elles se jett................ dans l'eau de la piscine.
5. Medhi racont................ une histoire à son petit frère.
6. Les invités arriv................ vers 20 heures.

..../ 6

5 Complète les phrases avec **fait**, **font**, **va** ou **vont**.

1. Marion et Sarah .... du tennis tous les vendredis.
2. Elles .... voir des matchs.
3. Sarah .... de très bons services.
4. Antoine, lui, ... au cinéma avec ses amis.
5. Ils .... voir des films policiers.

..../ 5

19 Construire des phrases

CONSTRUIRE

Lis avant de commencer

- Une phrase est une suite de mots qui a un sens.
  Elle commence toujours par une majuscule et se termine par un point.
  Les voitures roulent vite.

1 Barre les phrases qui n'ont pas de sens.

1. Dans la rue, beaucoup il y a de magasins.
2. Les passants se promènent.
3. La moto s'arrête au feu rouge.
4. Les courent enfants sur le trottoir.
5. Les vitrines sont illuminées.
6. distribue les lettres Le facteur.

..../ 3

2 Forme des phrases qui ont un sens.

Chez le fleuriste, •	• coupe et peigne les cheveux.
À la pharmacie, •	• vend des lunettes.
Le coiffeur •	• on achète des fleurs et des plantes.
L'opticien •	• on trouve de très bons pains au chocolat.
Dans cette boulangerie, •	• Maman donne son ordonnance.
À la librairie, •	• j'ai trouvé le livre que la maîtresse a demandé.

..../ 6

3 Sépare les mots et récris la phrase correctement.

1. Auboutdelarueilyaunchantier.

2. Lacamionnettelivredesmarchandises.

3. Ilyabeaucoupd'antennessurletoitdesmaisons.

...../ 3

4 Complète les phrases avec les mots suivants :

nombreux – nombreuses – grande – grandes – grands – petits – petite

Ce week-end dans mon quartier, il y aura une .... braderie. Nous trouverons de .... objets pour les .... et pour les .... Moi, j'aimerais bien trouver une .... montre ancienne, avec de .... aiguilles ! J'ai vraiment hâte car les surprises sont toujours ....

...../ 7

5 Observe le dessin et continue la phrase.

Les déménageurs...

Monsieur Joyeux...

...../ 2

Lecture expression

Note aux parents : *la lecture expression est un exercice pratiqué en école primaire et destiné à évaluer le niveau de lecture et la manière de lire de l'enfant. Dans un contexte ludique et artistique, puisque l'on demande de dessiner, l'enfant doit reproduire sur une feuille blanche le plus fidèlement possible le contenu descriptif d'un texte. En comparant le contenu dessiné au contenu écrit, on est en mesure de comprendre les forces ou les faiblesses en lecture. Pour que cet exercice soit efficace et profitable, il convient de le répéter régulièrement afin de mesurer les progrès. Enfin, il est important de comprendre qu'il ne s'agit pas d'exiger de l'enfant une performance artistique. Ce qui doit primer est avant tout l'intention. L'enfant a-t-il voulu ou non dessiner l'élément décrit ?*

Lis ce petit texte

La maison de Jean est une très jolie maison. Elle n'a qu'un étage et son toit est d'un merveilleux rouge vif. Quand on la regarde de face, on y voit une petite porte verte entourée de deux jolies fenêtres aux volets bleus et aux rideaux jaunes. Autour de la maison, il y a un grand jardin avec un seul arbre : un magnifique pommier aux fruits très rouges. À droite de la porte en sortant, juste sous l'une des fenêtres, on peut voir un banc de vieux bois sur lequel repose un pot de superbes fleurs rouges et jaunes.

À toi de dessiner !

Évaluation : mets une croix quand tu as dessiné…

Les formes

… une maison à un étage ☐

… avec un toit ☐

… une porte ☐

… deux fenêtres, une de chaque côté de la porte ☐

… des volets ☐

… des rideaux ☐

… un jardin autour de la maison ☐

… un seul arbre ☐

… des fruits dans l'arbre ☐

… un banc à droite de la porte (donc à gauche sur le dessin !) ☐

… un pot de fleurs ☐

… des fleurs dans le pot ☐

Les couleurs

… un toit rouge ☐

… une porte verte ☐

… des volets bleus ☐

… des rideaux jaunes ☐

… des fruits rouges ☐

… un banc marron ☐

… des fleurs rouges et jaunes dans le pot de fleurs ☐

La liste des sons importants

Voyelles

[a] un rat

[ɑ] un âne

[o] *(o fermé)* un dos, un bateau, chaud

[ɔ] *(o ouvert)* une école, des bottes

[e] *(é fermé)* l'été

[ɛ] *(é ouvert)* une fête, la laine, une reine

[i] un bijou

[u] un coucou

[y] la lune

[œ] *(e ouvert)* la peur

[ø] *(e fermé)* un nœud

[ə] *(e sourd)* le, je

[ɑ̃] un enfant, une tente, un pamplemousse

[ɛ̃] peindre, un rein, un patin

[ɔ̃] un bonbon

[œ̃] un parfum

Consonnes

[p] un pompon

[b] bonjour

[t] toujours

[d] demain

[k] quarante, un coucou, un kiosque

[g] une guêpe

[f] France, un pharaon, une touffe

[v] Valentin

[s] une souris

[z] une rose

[ʒ] un jouet

[ʃ] un cheveu

[l] un ballon

[r] une route

[m] Mathilde

[n] non

Semi-voyelles ou semi-consonnes

[j] les yeux

[w] ouest

[ʏ] un nuage

Imprimé en France par l'Imprimerie Hérissey - 27000 Évreux - Dépôt légal : 22973 - Juin 2003 - N° d'impression : 94938

The challenge is on!
How do we protect and preserve our natural resources?
What does it take to protect the Earth?

The world is changing quickly. Modernization and technological advancements bring enormous changes to every aspect of our lives. Many of these changes are so big that they affect our environment.

Read on and be aware of what is happening around you. Learn ways to protect the Earth, conserve our natural resources, and reduce pollution.

We all need food, clothing, shelter, power, water, medicine and many other things. We need even more of them in the future.

Therefore, we have to protect our Earth's ability to provide them.

WHAT CAN WE DO?

Practice the reuse, reduce and recycle method of waste management.

Use alternative or renewable sources of energy. These energy sources are naturally replenished. They do not deplete resources the way burning oil or coal does. We can use them over and over again.

These sources include solar, wind, geothermal, wave and tide, and hydro-power energy.

Aside from not being "used up", renewable energy sources are environmentally friendly.

They can reduce the amount of pollutants and heat we add to our environment.

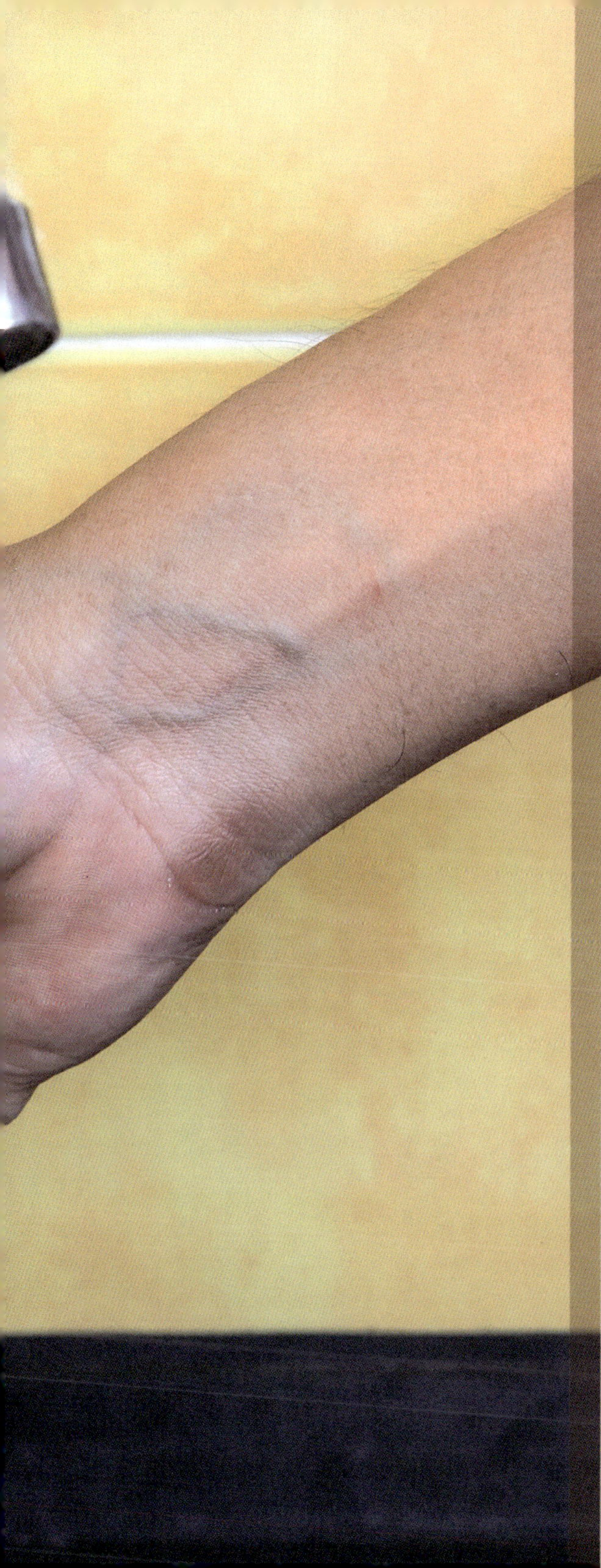

Save water to avoid water scarcity problems. Turn off faucets when brushing your teeth. Reuse the water from laundry, by using it to water plants. Taking a shower uses much less water than taking a bath.

Avoid cutting down trees. Where trees are cut down, young trees should be planted to replace them.

Save energy and electricity. Turn off your television set properly rather than having it in standby mode.

BREAKER
ON

Turn off lights and other electrical device when you are not using them.

Practice composting. This recycles kitchen waste into fertilizer for your garden. This process reduces the use of pesticides and chemical fertilizers.

BE ECO-FRIENDLY IN YOUR ACTIONS.

Use laptops on their battery and plug them in to charge them when the battery gets low. This is one way of saving electricity.

Go green. Join community tree-planting programs. Use cleaning techniques that are environment-friendly like using vinegar and water to clean floors instead of strong cleansers.

Spread the news about protecting the Earth. Tell your friends and family members about conserving natural energy resources. Convince them to participate in protecting the Earth.

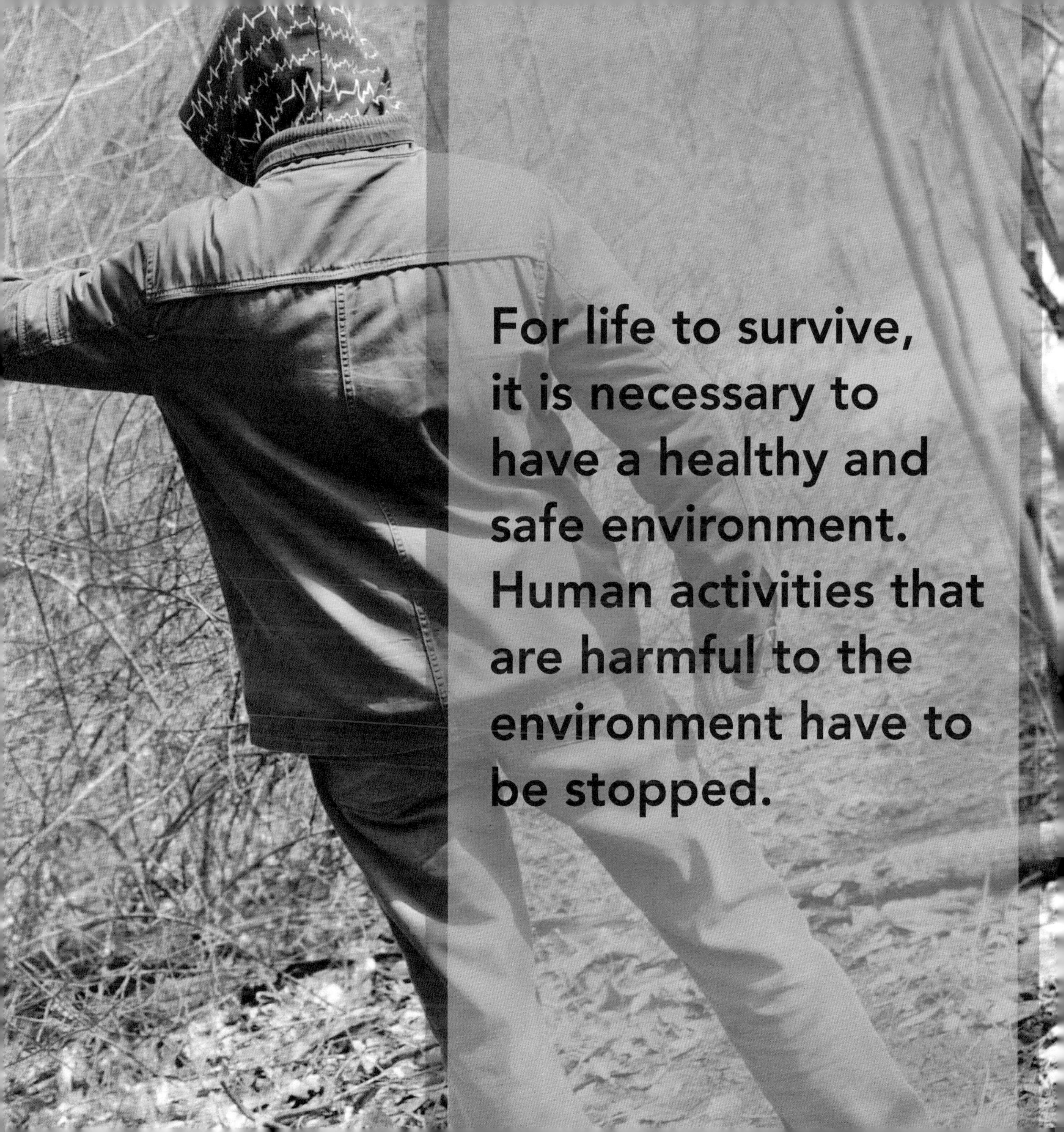

For life to survive, it is necessary to have a healthy and safe environment. Human activities that are harmful to the environment have to be stopped.

Earth provides a comfortable environment for us to live in. In return, we have to do our part in protecting our planet by conserving and protecting our natural resources.

Be responsible in using these resources. Misusing any of them can create a big impact on the Earth's condition.

Never forget that affect the world we love by our own actions.

Protecting the environment is protecting the Earth and the life it contains. Act now before it's too late!

17602439R00024

Printed in Great Britain
by Amazon

PROTECTING OUR NATURAL RESOURCES! LEARN HOW TO PROTECT THE EARTH AND REDUCE POLLUTION

FOR KIDS

Children's Environment & Ecology Books

Baby iQ
Builder Books
EDUCATIONAL BOOKS FOR KIDS